CW00985441

Impressum
Verlag: BABADADA GmbH, Nedderfeld 112 , 22529 Hamburg
Geschäftsführer / Verlagsleitung: Harald Hof
Druck: Books on Demand GmbH, In de Tarpen 42, 22848 Norderstedt

Imprint
Publisher: BABADADA GmbH, Nedderfeld 112 , 22529 Hamburg, Germany
Managing Director / Publishing direction: Harald Hof
Print: Books on Demand GmbH, In de Tarpen 42, 22848 Norderstedt, Germany

jangirdu
aula

feccu
dividir

186/2

alluwal
pizarra

ceerno
maestro/a

dingiral dudal
patio

kaayit
papel

windu
escribir

bindirgal
bolígrafo

biro
escritorio

pondirgal
regla

deftere
libro

almuu
alumn

sakosel

cartera

suudu kudol

caja de lápices

kudol

lápiz

ceebnoowo kudol

sacapuntas

momtirgal

goma de borrar

dowitorde nataande

diccionario visual

nokku diidirɗo
....
cuaderno de dibujo

diidgol
....
dibujo

diidirgal
....
pincel

suudu diidordu
....
caja de pinturas

sisooje
....
tijeras

kol
....
pegamento

deftere softinorde
....
cuaderno de ejercicios

coftinogol
....
deberes

tongoode
....
número

ɓeydu
....
sumar

ustu
....
restar

hebbin
....
multiplicar

lim
....
calcular

ɓataake
....
letra

hijju
....
alfabeto

kongol

palabra

windande

texto

jangu

leer

bindirgal

tiza

darsu

lección

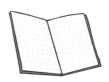

windaade

cuaderno de notas

ÿeewtogol

examen

ijaazi

certificado

wutte jaŋirɗo

uniforme escolar

jaŋde

educación

ɗowitorde mawnde

enciclopedia

jaabi haatirde

universidad

mokoroskop

microscopio

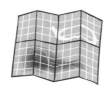

wertaango

mapa

siwo mbalis

papelera

otel
hotel

hoɗirdu
albergue

ɓokku beccirɗo
oficina de cambio de divisas

woliis
maleta

oto
coche

ɗemngal

idioma

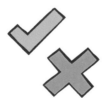

ey / ala

sí / no

Eyyo

Vale

mbaɗɗa

hola

pirtoowo

traductor

jaraama

Gracias

hono foti...?

¿cuánto es...?

mi faamaani

No entiendo

satteende

problema

jam hiiri

¡Buenas tardes!

jam waali

¡Buenos días!

jam waal

¡Buenas noches!

baay baay

adiós

ngardiindi

dirección

kaake

equipaje

saak

bolsa

saak bakke

mochila

koɗo

invitado

suudu

habitación

saak ɗaanorɗo

saco de dormir

taanta

tienda de campaña

ɗannaade - viaje

kabaaru jillotooɗo

información turística

palaaz

playa

kartal keredii

tarjeta de crédito

kasitaari

desayuno

bottaari

almuerzo

hiraande

cena

tikkett

billete

suutde

ascensor

tembere

sello

keerol

frontera

soodooɓe

aduana

ambasaat

embajada

wiisa

visa

paaspoor

pasaporte

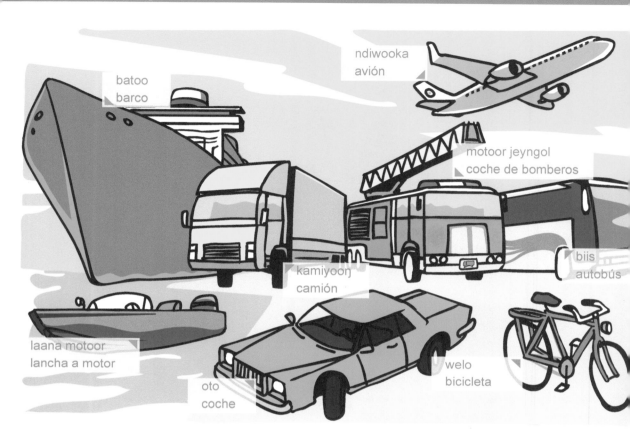

ndiwooka
avión

batoo
barco

motoor jeyngol
coche de bomberos

kamiyoon
camión

biis
autobús

laana motoor
lancha a motor

welo
bicicleta

oto
coche

baak

transbordador

laana

barca

welo motoor

moto

oto poliis

coche de policía

oto dandu

coche de carreras

otoluwaaɗo

coche de alquiler

rendude oto

préstamo de vehículos

leŋge

grúa

kamiyooŋ salo

camión de la basura

moto

motor

gaas

gasolina

esaaseer

gasolinera

maantorde tali

señal de tráfico

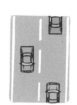

tali

tráfico

ɓittugol tali

atasco

darnirde oto

aparcamiento

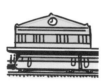

dartorde teree

estación de tren

laabi

vías

teree

tren

taraam

tranvía

nawgol

vagón

elikooteer

helicóptero

aydapoor

aeropuerto

huɓeere

torre

jahoowo

pasajero

kontaneer

contenedor

kees

caja de cartón

saret

carretilla

siwo

cesta

diw / tello

despegar / aterrizar

wuro
ciudad

saare

pueblo

hakkunde wuro

centro de ciudad

galle

casa

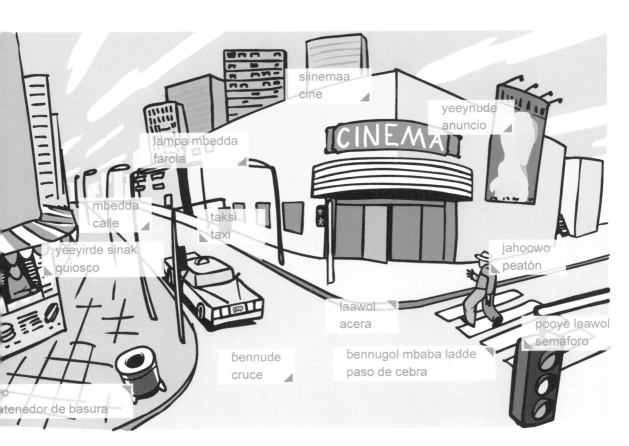

siinemaa / cine

yeeynude / anuncio

lampa mbedda / farola

mbedda / calle

taksi / taxi

yeeyirde sinak / quiosco

jahoowo / peatón

laawol / acera

pooye laawol / semáforo

bennude / cruce

bennugol mbaba ladde / paso de cebra

tenedor de basura

tiba

cabaña

hodorde

apartamento

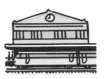

dartorde teree

estación de tren

meeri

ayuntamiento

miise

museo

dudal

escuela

jaaɓi haatirde

universidad

baŋke

banco

safrirdu

hospital

otel

hotel

farmasii

farmacia

gollorde

oficina

yeeyirde defte

librería

yeeyirde

tienda

mo nehoowo leɗɗe

floristería

duggere

supermercado

jeere

mercado

yeeyirde diiwaan

grandes almacenes

mo gawoowo

pescadería

nokku njeeygu

centro comercial

telloorde

puerto

parka

parque

jooɗorde

banco

pooŋ

puente

ŋabbirɗe

escaleras

les leydi

metro

laawol les

túnel

dartorde biis

parada de autobús

baar

bar

restoraaŋ

restaurante

suudu posto

buzón

maantorde mbedda

poste indicador

meetorde parka

parquímetro

nehirde kulle

zoo

pisiin

piscina

jumaa

mezquita

wuro - ciudad

ngesa

granja

bonande

contaminación

genaale

cementerio

ekiliis

iglesia

dingiral

patio de juego

tempele

templo

satto

paisaje

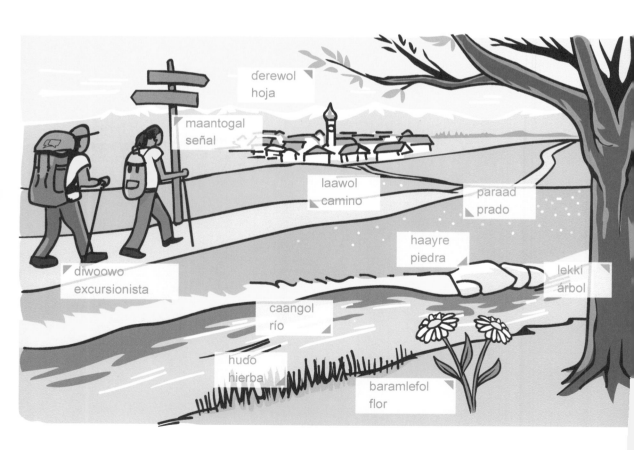

ɗerewol
hoja

maantogal
señal

laawol
camino

paraad
prado

haayre
piedra

lekki
árbol

diwoowo
excursionista

caangol
río

hudo
hierba

baramlefol
flor

fongo

valle

tiwaande

colina

weendu

lago

dundu

bosque

ladde

desierto

wolkaaŋ

volcán

hoɗorde

castillo

timtimol

arcoíris

wiiduru gaynaako

champiñón

lekki koko

palmera

ɓongu

mosquito

diw

mosca

ñuuñu

hormiga

ñaaku

abeja

njabala

araña

karaab

escarabajo

paaɓa

rana

jiire

ardilla

nguru paaɓa

erizo

wojere

liebre

hooweere

lechuza

ndiwri

pájaro

kankaleewal

cisne

fowru

jabalí

lella

ciervo

kooba

alce

baaraas

presa

seɗa hendu

turbina eólica

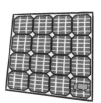

mbeɗu naange

panel solar

kilimaaŋ

clima

carwoowo
camarero

ndefu
menú

jooɗorde
silla

pissaa
pizza

suppu
sopa

nappu
mantel

wutayel
cubertería

puɗɗorɗo
....
primer plato

barme mawɗo
....
plato principal

deseer
....
postre

njarameeje
....
bebidas

ñamri
....
comida

bitel
....
botella

fastfuut
....
comida rápida

ñaamde mbedda
....
comida callejera

pot ataaya
....
tetera

taasa suukara
....
azucarero

geɗal
....
porción

masiŋ esperesoo
....
cafetera expreso

jooɗorde toownde
....
trona

faktiir
....
cuenta

terey
....
bandeja

paaka
....
cuchillo

fursett
....
tenedor

kuddu
....
cuchara

kuddu ataaya
....
cucharilla

torsooŋ
....
servilleta

weer
....
vaso

palaat

plato

palaat suppu

plato hondo

coosoowo

platillo

soos

salsa

pot lamdam

salero

poobaar

molinillo de pimienta

wineegar

vinagre

diwliin

aceite

kaaniije

especias

ketsoop

ketchup

mutaarde

mostaza

maynees

mayonesa

dokkal teentungal
oferta especial

coodoowo
cliente

deftel
lácteos

bingel leggal
fruta

saret
carro de la compra

mo jeeyoowo teewu

carnicería

mo piyoowo mburu

panadería

bett

pesar

biɓe ledɗe

verduras

teewu

carne

ñamri fendiindi

alimentos congelados

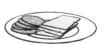

teewu ɓuuɓngu

fiambres

ñamri

conservas

omo

detergente en polvo

tangaleeji

dulces

geɗe galle

productos de uso doméstico

geɗe labbinooje

productos de limpieza

jeeyoowo

vendedora

hippoode

caja

ngaluyanke

cajero

limo soodetee

ɔta de la compra

waktuuji gudditeeɗi

horario de atención al público

kalbe

cartera

kartal keredii

ırjeta de crédito

saak

bolsa

saak dalli

bolsa de plástico

ndiyam

agua

sii

zumo

kosam

leche

Koowk

cola

sangara

vino

sangara

cerveza

alkol

alcohol

koka

cacao

ataaya

té

kafe

café

esperesoo

expreso

kaputsiino

capuchino

banaana

plátano

pomere

manzana

oraaŋs

naranja

dende

melón

limoŋ

limón

karott

zanahoria

laac

ajo

bambuu

bambú

soblere

cebolla

iduru gaynako

champiñón

gerte

avellanas

kodde

fideos

espaketii

espagueti

maaro

arroz

solaat

ensalada

sipse

patatas fritas

padaas pasnaaɗo

patatas fritas

pissaa

pizza

amburgoor

hamburguesa

sandiis

sándwich

tayre

filete

heltinde

jamón

salaami

salami

soosiis

salchicha

gertogal

pollo

juɗe

asado

liingu

pescado

karaw

copos de avena

miyesli

muesli

butaali makka

copos de maíz

cafka

harina

koraasaŋ

cruasán

loocol mburu

panecillo

mburu

pan

mburu

tostada

mbiskit

galletas

boor

mantequilla

caakri

cuajada

ngato

pastel

boofoode

huevo

bofoode defaaɗo

huevo frito

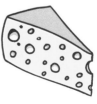

formaas

queso

kerem galaas

helado

suukara

azúcar

njuumri

miel

piire

mermelada

soosde sokola

crema de turrón

kiri

curry

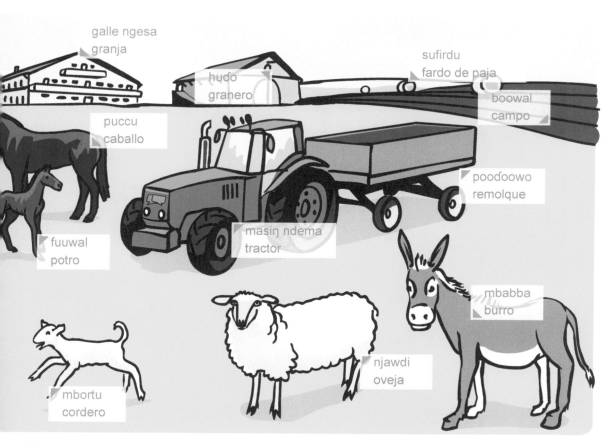

galle ngesa
granja

hudo
granero

sufirdu
fardo de paja

boowal
campo

puccu
caballo

pooɗoowo
remolque

fuuwal
potro

masiŋ ndema
tractor

mbabba
burro

mbortu
cordero

njawdi
oveja

ndamndi

cabra

ngaari

vaca

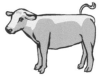

ñale

ternero

mbaba tugal

cerdo

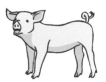

bingel tugal

cerdito

ngaari

toro

jaawalal

ganso

jaawangal

pato

gertogal

pollo

jarlal

gallina

ngori

gallo

doombru

rata

ulluundu

gato

dombru

ratón

ngaari

buey

rawaandu

perro

suudu rawaandu

perrera

lekki werte

manguera

bitel ndiyam

regadera

jalo

guadaña

jabbude

arado

wafdu

hoz

caga

azada

furset yettirɗo

horca

jambere

hacha

burwett

carretilla

jardugal

abrevadero

bitel kosam

lechera

bonnude

saco

heerorde

valla

dari

establo

resofmaaŋ

invernadero

leydi

suelo

aawdi

semilla

engere

fertilizador

rendin coñoowo

cosechadora

soñ

cosechar

coñal

cosecha

ñambi

ñame

ndiyamiri

trigo

soozaa

soja

padaas

patata

makka

maíz

aawdi adan

semilla de colza

lekki ɓesnooki

árbol frutal

kasaawa

mandioca

gawri

cereales

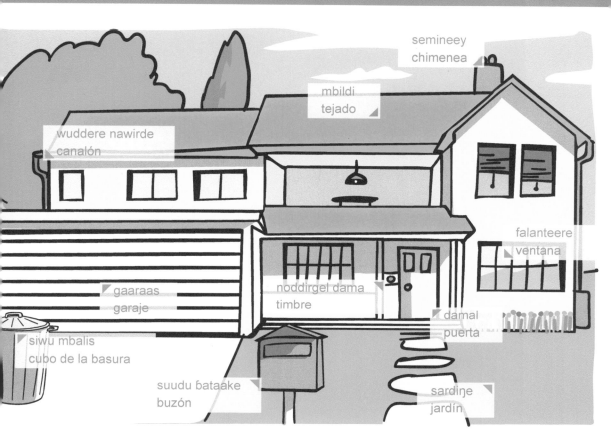

semineey
chimenea

mbildi
tejado

wuddere nawirde
canalón

falanteere
ventana

gaaraas
garaje

noddirgel dama
timbre

damal
puerta

siwu mbalis
cubo de la basura

suudu ɓataake
buzón

sardiŋe
jardín

saal

sala

lootorde

cuarto de baño

waañ

cocina

uudu lelteendu

dormitorio

suudu suka

habitación de los niños

suudu hirtordu

comedor

leydi
....
suelo

miir
....
pared

dira
....
techo

masiŋel
....
sótano

soona
....
sauna

balkooŋ
....
balcón

teeraas
....
terraza

pisin
....
piscina

tondoos
....
cortacésped

kaayit
....
sábana

mbertanteeri
....
colcha

lelnde
....
cama

pittirɗe
....
escoba

siwoo
....
balde

waylu
....
interruptor

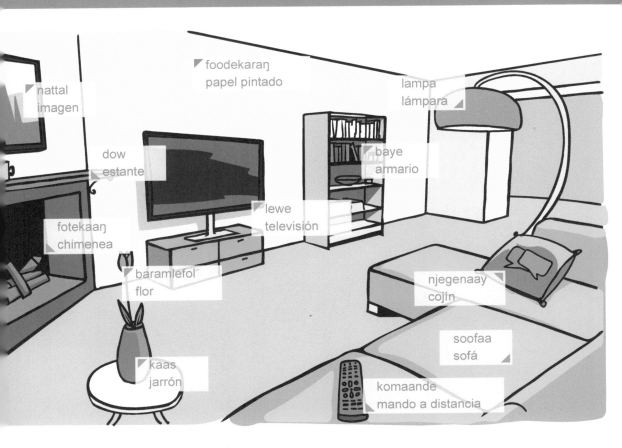

nattal
imagen

foodekaraŋ
papel pintado

lampa
lámpara

dow
estante

baye
armario

fotekaaŋ
chimenea

lewe
televisión

baramlefol
flor

njegenaay
cojín

kaas
jarrón

soofaa
sofá

komaande
mando a distancia

tappi
....
alfombra

rido
....
cortina

taabal
....
mesa

jooɗorde
....
silla

jooɗorde timmunde
....
mecedora

tuggorde
....
butaca

deftere
libro

suddaare
manta

cinki
decoración

docotal
leña

filmo
película

kuutorɗe hi-fi
equipo de música

caabi
llave

jaaynde
periódico

pentiirde
pintura

posteer
póster

haalirde
radio

deftel mooftirgel
cuaderno

ŋabbude
aspiradora

siwo lekki
cactus

sondel
vela

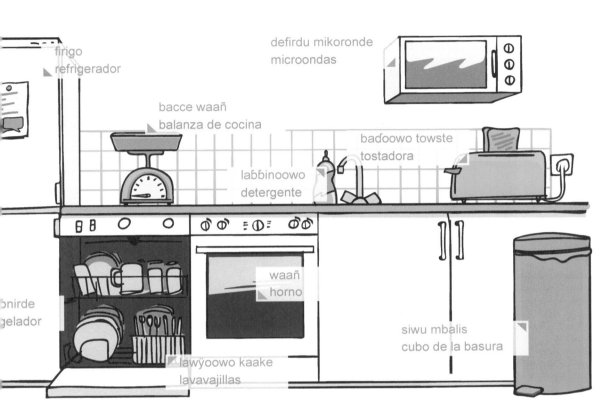

firigo
refrigerador

defirdu mikoronde
microondas

bacce waañ
balanza de cocina

baɗoowo towste
tostadora

labbinoowo
detergente

ɓnirde
gelador

waañ
horno

siwu mbalis
cubo de la basura

lawÿoowo kaake
lavavajillas

defoowo

olla a presión

pot

olla

pot baɗɗo njamdi

olla de hierro fundido

lehel

wok / karahi

lahal

cazuela

baraade

hervidor

gulnoowo

vaporera

fuur cumirđo

chapa de horno

wiisirde

vajilla

kaas

taza

taasa

tazón

bakett

palillos

heđirde

cucharón

kuundal

espumadera

burgal

batidor

gulnirđo

colador

pool

cedazo

koosoowo

rallador

wowru

mortero

njuđu

barbacoa

lewlewndu

hoguera

alluwal tayirgal

tabla de picar

dullirgal

rodillo

tenaay

sacacorchos

potyel

lata

udditirɗo potyel

abrelatas

jaggoowo pot

agarrador

lawÿirde

lavabo

borisde

cepillo

epoos

esponja

jiiɓoowo

batidora

firigo juutɗo

congelador

bitel tiggu

biberón

robine

grifo

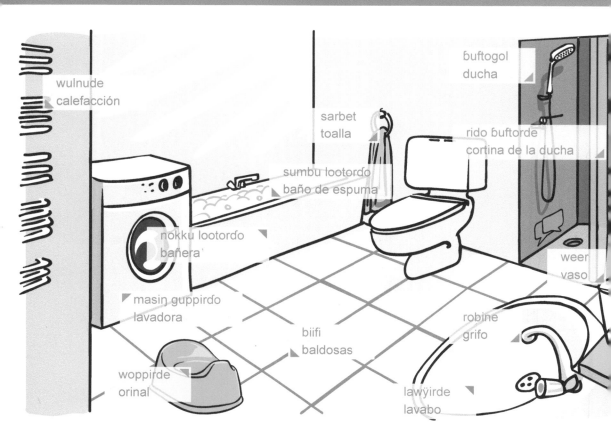

wulnude
calefacción

buftogol
ducha

sarbet
toalla

rido buftorde
cortina de la ducha

sumbu lootordo
baño de espuma

nokku lootordo
bañera'

weer
vaso

masin guppirdo
lavadora

biifi
baldosas

robine
grifo

woppirde
orinal

lawÿirde
lavabo

heblorde
....
inodoro

yaltirde les
....
inodoro rústico

yaltirde
....
bidé

soofirde
....
urinario

kaayit heblorde
....
papel higiénico

boros heblorde
....
escobilla del váter

boros ñiiÿe
....
pillo de dientes

pat cocorɗo
....
pasta de dientes

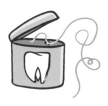

cocorgal
....
hilo dental

lawyu
....
lavar

ɓuftorde jungo
....
ducha de mano

jampe
....
ducha íntima

taasa
....
pila

boros keeci
....
cepillo de espalda

saabunde
....
jabón

ebam ɓuftorde
....
gel de ducha

sampoye
....
champú

lootogel
....
toallita

yupude
....
desagüe

mileen
....
crema

lati
....
desodorante

lootorde - cuarto de baño

daarogal

espejo

daarogal jungo

espejo de tocador

rasuwaar

maquinilla de afeitar

sumbu pemborɗo

espuma de afeitar

lallitirde

loción postafeitado

koomu

peine

boros

cepillo

yoorno hoore

secador

uurna hoore

laca

makiyaas

maquillaje

lippo

pintalabios

emaaye segene

pintauñas

wiro

algodón

sisooje segene

cortauñas

parfooŋ

perfume

saawdu lawyirdu

estuche de viaje

kuudi

banqueta

bacce ɓetirde

balanza

wutte lootorɗo

albornoz

kawaseeje dalli

guantes de goma

tampooŋ

tampón

arbet laɓɓinoorɗo

compresa

lootogol cellungol

inodoro químico

suudu suka
habitación de los niños

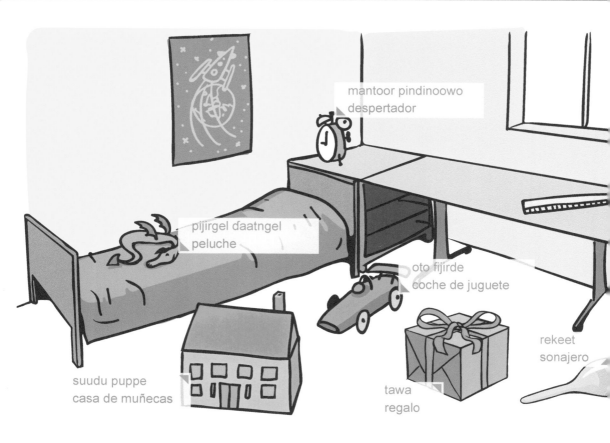

mantoor pindinoowo
despertador

pijirgel ɗaatngel
peluche

oto fijirde
coche de juguete

rekeet
sonajero

suudu puppe
casa de muñecas

tawa
regalo

balooŋ

globo

lelnde

cama

puus puus

coche de niño

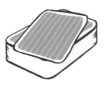

taabal karte

naipes

juwirgal

puzle

jalnii

tebeo

uufeeje lego

piezas de lego

kaaÿe maadi

bloques de juguete

pijirgel suka

figura de acción

wutte suka

odi (de bebé)

mbiifu

frisbee

noddirgel

colgador móvil para bebés

fijirde alluwal

ego de mesa

dee

dados

tereŋ jahiroowo batiri

circuito de tren eléctrico

ɗaayɗo

maniquí

hiirde

fiesta

deftere natte

álbum de fotos

bal

pelota

puppe

muñeca

fij

jugar

ngaska leydi

cajón de arena

yirlude

columpio

pijirɗe

juguetes

fijirde widoo peley

videoconsola

biifi tati

triciclo

uluundu pijirgel

oso de peluche

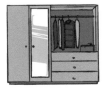

woliis

guardarropa

boornogol

ropa

kawaseeje

calcetines

baardinirɗi

medias

dogirɗi

leotardos

muurnorde
bufanda

adorde
inturón

paraseewal
paraguas

tiset
camiseta

bataaje
botas

pade joodorde
zapatillas

dogirde
deportivas

caraax
sandalias

pade
zapatos

bataaje dalli
botas de goma

cakkirdi
slip

site ŋoos
sostén

weste
chaleco

ɓandu

bodi

tuuba

pantalones

jiin

vaqueros

sippu

falda

buluus

blusa

wuttel

camisa

piliweer

jersey

njallaaba

suéter

balaseer suka

blazer

jakett

chaqueta

sabandoor

abrigo

wutte toɓo

gabardina

kossim

traje

robbo

vestido

wutte cuddungu

vestido de novia

cakkirɗo

traje

robbo baalduɗo

camisón

baaluɗi

pijama

sari

sari

fiilorde

bandana

kaala

turbante

misoor

burka

haftan

caftán

abaaye

abaya

lumborɗo

traje de baño

leɗɗe

bañador

kilooti

pantalones cortos

dewirɗi

chándal

aparooŋ

delantal

kawase

guantes

nebbu

botón

lone

gafas

jawo

brazalete

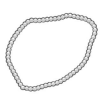

cakka

collar

feggere

anillo

hootonde

pendiente

laafa

gorra

jaggirgal sabandoor

percha

kufna

sombrero

karwaat

corbata

korsude

cremallera

tengaade

casco

jawe

tirantes

wutte jaɲirɗo

uniforme escolar

dadorɗo

uniforme

nappu suka

babero

ɗaayɗo

maniquí

fooftini

pañal

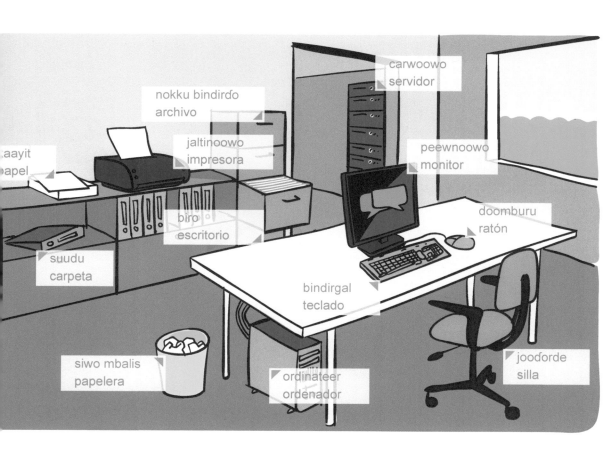

carwoowo
servidor

nokku bindirɗo
archivo

jaltinoowo
impresora

peewnoowo
monitor

aayit
apel

biro
escritorio

doomburu
ratón

suudu
carpeta

bindirgal
teclado

siwo mbalis
papelera

ordinateer
ordenador

jooɗorde
silla

koppu kafe

taza de café

tongirde

calculadora

enternet

internet

ordinateer

portátil

ɓataake kaayit

carta

ɓataake

mensaje

noddirgel

móvil

jokkondiral

red

nandinoowo

fotocopiadora

kuutorgel

software

noddirgel

teléfono

piriis

toma de corriente

masiŋ faksii

fax

sifaa

formulario

kaayit

documento

sood

comprar

yob

pagar

yeey

comerciar

kaalis

dinero

dolaar

dólar

oro

euro

yeen

yen

ruubal

rublo

siiwis farayse

franco suizo

waan renminbi

enminbi yuan

ruppii

rupia

nokku ngalu

cajero automático

nokku beccirɗo

oficina de cambio de divisas

kaŋe

oro

kaalis

plata

peteroŋ

petróleo

doole

energía

coggu

precio

jokkondiral

contrato

lempo

impuesto

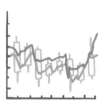

jeyii

acción

liggo

trabajar

liggotooɗo

empleado

ligginoowo

empleador

isin

fábrica

yeeyirde

tienda

alkaati
agente de policía

kaɓoowo jeyngol
bombero

defoowo
cocinero

cafroowo
médico

dognoo ndiwooka
piloto

mooftoowo

jardinero

meniise

carpintero

gawoowo debbo

costurera

ñaawoowo

juez

simiyanke

farmacéutico

aktoor

actor

diirnoowo biis

conductor de autobús

diirnoowo taksi

taxista

gawoowo

pescador

debbo pittoowo

señora de la limpieza

biloowo

techador

carwoowo

camarero

baañoowo

cazador

diidoowo

pintor

piyoo mburu

panadero

peewnoo jeyngol

electricista

mahoowo

obrero

eseñoor

ingeniero

buusee

carnicero

polombiyee

fontanero

nedɗo posto

cartero

soldaat

soldado

arsitekte

arquitecto

ngaluyanke

cajero

ledɗeyanke

florista

mooroowo

peluquero

diirnoowo

revisor

eenoowo jamɗe

mecánico

gardiiɗo

capitán

safroowo ñiiÿe

dentista

gando

científico

babbiin

rabino

almaami

imán

muwaan

monje

neɗɗo alla

sacerdote

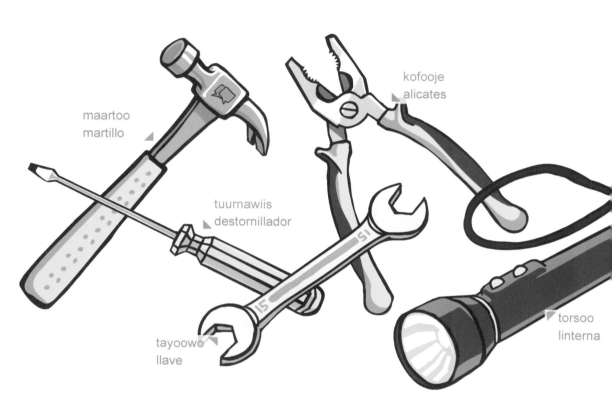

kofooje
alicates

maartoo
martillo

tuurnawiis
destornillador

tayoowo
llave

torsoo
linterna

ngasirdi

excavadora

suudu kuutorɗe

caja de herramientas

seel

escalera de mano

siiy

sierra

pontooje

clavos

yuwirde

taladro

feewnit

reparar

nokkirde

pala

sooot

¡Maldita sea!

peel

recogedor

pot diidirɗo

bote de pintura

wiisuuji

tornillos

pijirɗe
instrumentos musicales

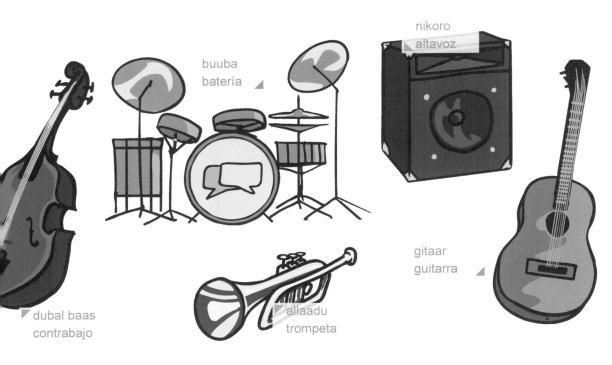

nikoro
altavoz

buuba
batería ◢

dubal baas
contrabajo

allaadu
trompeta

gitaar
guitarra ◢

piyaano

piano

ñaañooru

violín

baas

bajo

timpaan

timbales

bawɗi

tambor

bindirgal

teclado

saksofooŋ

saxofón

coolumbel

flauta

haaldude

micrófono

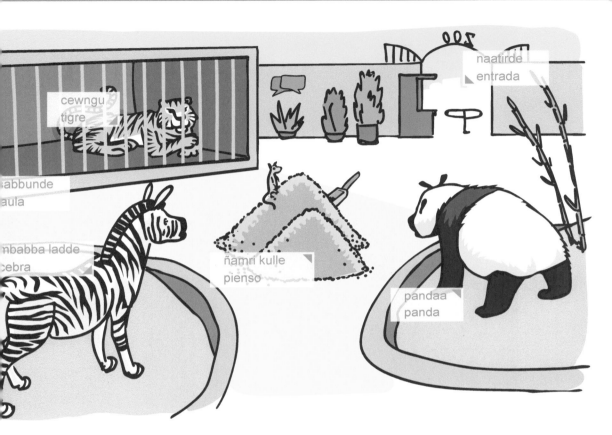

cewngu
tigre

naatirde
entrada

abbunde
aula

ñamri kulle
pienso

nbabba ladde
cebra

pandaa
panda

kulle
animales

ñiiwa
elefante

kanguruu
canguro

liwoongu
rinoceronte

waandu
gorila

fowru
oso

ngelooba

camello

jaawagal

avestruz

mbaroodi

león

golo

mono

ñaarpural

flamingo

seku

loro

fowru nees

oso polar

peŋwee

pingüino

reke

tiburón

ngoriyal

pavo real

mboddi

serpiente

nooro

cocodrilo

deenoowo kulle

guardián de zoológico

liingu

foca

cewngu

jaguar

molel puccu

poni

cewlu

leopardo

ngabu

hipopótamo

ñamala

jirafa

ciilal

águila

fowru

jabalí

liingu

pescado

heende

tortuga

morsee

morsa

daga

zorro

lella

gacela

fugu koyngel Amarik
fútbol americano

welo
ciclismo

teniis
tenis

basket
baloncesto

lumbaade
natación

bokse
boxeo

okey e galaas
hockey sobre hiel

fugu koyngel

fútbol

badminton

bádminton

dogduuji

atletismo

fugu jungo

balonmano

eskiiy

esquí

polo

polo

golle

actividades

jal
reír

uurno
abrazar

yah
caminar

yim
cantar

hoyɗu
soñar

juul
rezar

buuco
besar

windu

escribir

diid

dibujar

hollu

mostrar

duñ

empujar

rokku

dar

naw

tomar

jogo

tener

wad

hacer

won

ser

daro

estar de pie

dog

correr

ittu

tirar

weddo

tirar

yan

caer

fen

yacer

fad

esperar

naw

llevar

joodo

estar sentado

boorno

vestirse

daano

dormir

finn

despertar

ndaar

mirar

woy

llorar

fiiy

acariciar

koomu

peinar

haal

hablar

faam

entender

naamdo

preguntar

hetto

escuchar

yar

beber

ñaam

comer

haɓɓu

ordenar

yiɗ

amar

def

cocinar

diirnu

conducir

diw

volar

awyu

navegar

lim

calcular

jangu

leer

jangu

aprender

liggo

trabajar

res

casarse

aaw

coser

boris ñiiÿe

cepillarse los dientes

war

matar

simmo

fumar

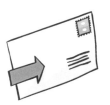

neldu

enviar

debbo

taaniraaɗo gorko
abuelo

baaba
padre

yumma
madre

tiggu
bebé

biɗɗo debbo
hija

biɗɗo gorko
hijo

koɗo

invitado

gogo

tía

kaawiraaɗo

tío

wniraaɗo gorko

hermano

mawniraaɗo debbo

hermana

ɓandu

cuerpo

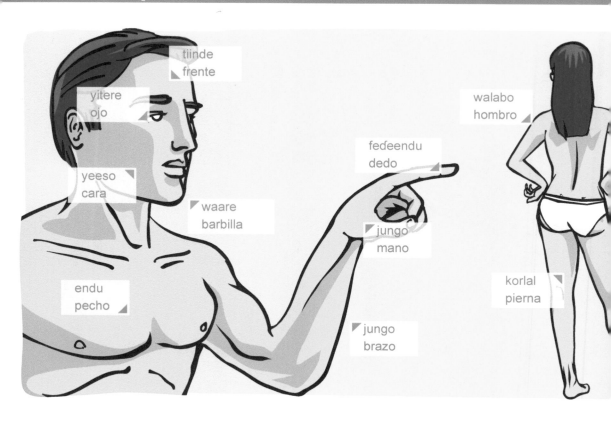

tiinde
frente

yitere
ojo

walabo
hombro

feɗeendu
dedo

yeeso
cara

waare
barbilla

jungo
mano

endu
pecho

korlal
pierna

jungo
brazo

tiggu

bebé

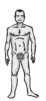

gorko

hombre

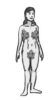

debbo

mujer

debbo

chica

gorko

chico

hoore

cabeza

68

ɓandu - cuerpo

keeci

espalda

reedu

vientre

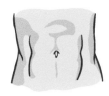

wudduru

ombligo

feɗeendu

dedo del pie

njaaɓordi

talón

ÿiyal

hueso

buhal

cadera

hofru

rodilla

fooŋturu

codo

hinere

nariz

gaɗa

trasero

nguru

piel

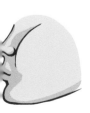

aɓɓuko

mejilla

nofru

oído

tondu

labio

hunuko

boca

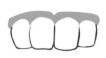

ñiire

diente

ɗemngal

lengua

ngaandi

cerebro

ɓernde

corazón

ÿiye

músculo

jofe

pulmón

heeñere

hígado

kuuse

estómago

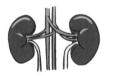

booÿe

riñones

leldaade

sexo

kawasal

condón

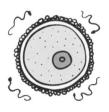

ɓoccoonde

ovario

maniiyu

semen

cowagol

embarazo

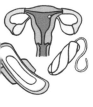

ella
....
menstruación

kottu
....
vagina

soolde
....
pene

leeɓol yitere
....
ceja

sukundu
....
pelo

daande
....
cuello

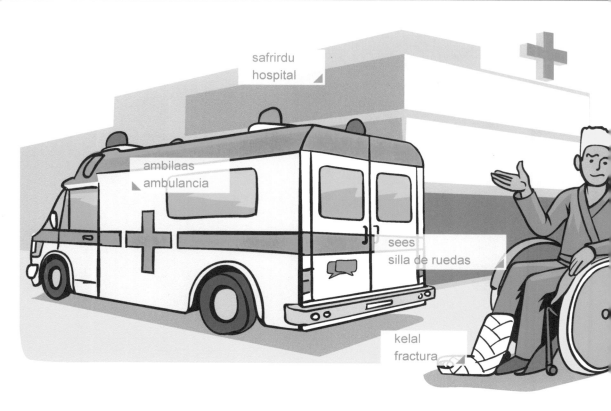

safrirdu
hospital

ambilaas
ambulancia

sees
silla de ruedas

kelal
fractura

cafroowo

médico

suudu heñaare

sala de urgencias

debbo cafroowo

enfermera

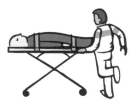

heñorde

urgencia

wondaane hakkile

inconsciente

muuseeki

dolor

gaañande

lesión

tudde ÿiiÿam

hemorragia

muuseeki ɓernde

infarto

piigol

ictus

nefo

alergia

dojjude

tos

bandu wulooru

fiebre

pali

gripe

ndogu reedu

diarrea

oore muusoore

olor de cabeza

kaaseer

cáncer

jabett

diabetes

oppiroowo

cirujano

jaggirdi

bisturí

oppeere

operación

CT
TAC

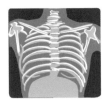

buuɗi x
rayos x

iltarasooŋ
ultrasonido

huurirdu yeeso
mascarilla

rafi
enfermedad

heblorde
sala de espera

beeke
muleta

tabak
tirita

bandaas
venda

pinggu
inyección

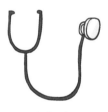

estetoskop
estetoscopio

pooɗoowo
camilla

termomeeter safrirdu
termómetro

jibinande
nacimiento

ɓuttiɗgol
sobrepeso

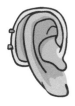

ballal nanirɗe

audífono

labbinoowo

desinfectante

raaɓo

infección

wiriis

virus

SIDAA

VIH / SIDA

lekki

medicina

ñakko

vacunación

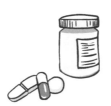

poɗɗe

tabletas

foɗɗere

pastilla

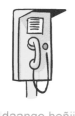

daango heñiingo

nada de urgencia

ÿeewtorde yaadu ÿiiyam

tensiómetro

faawŋi / selli

enfermo / sano

Ballal

¡Socorro!

pindinoowo

alarma

njangu

asalto

raaŋande

ataque

boomre

peligro

yaltirde yaawnde

salida de emergencia

Jeyngol

¡Fuego!

ñifoowo jeyngol

extintor de incendios

aksida

accidente

saawdu safaara gadano

botiquín de primeros auxilios

SOS

SOS

poliis

policía

Orop

Europa

Amarik Rewo

Norteamérica

Amarik Worgo

Sudamérica

Afirik

África

Aasi

Asia

Ostaraali

Australia

Atalantik

Atlántico

Pasifik

Pacífico

Maayo Endo

Océano Índico

aayo Antarkatik

céano Antártico

Maayo Arkatik

Océano Ártico

Baɲe Rewo

polo norte

Baŋe Worgo

polo sur

Antarkatik

Antártida

Leydi

tierra

leydi

tierra

maayo

mar

siire

isla

wuro

nación

laamu

estado

yeeso waktu

esfera

jungo waktu

manecilla de las horas

jungo hojoma

minutero

ungo majaango

segundero

hol waktu?

¿Qué hora es?

ñalawma

día

saha

tiempo

jooni

ahora

mantoor nattoowo

reloj digital

hojoma

minuto

waktu

hora

yontere
semana

Altine
lunes

Alarba
miércoles

Aljumaa
viernes

Aset
sábado

Talaata
martes

Alkamiisa
jueves

Alet
domingo

hanki

ayer

hande

hoy

jango

mañana

subaka

mañana

ñalawma

mediodía

kikiiđe

tarde

MO	TU	WE	TH	FR	SA	SU
1	2	3	4	5	6	7
8	9	10	11	12	13	14
15	16	17	18	19	20	21
22	23	24	25	26	27	28
29	30	31	1	2	3	4

biir

días laborables

MO	TU	WE	TH	FR	SA	SU
1	2	3	4	5	6	7
8	9	10	11	12	13	14
15	16	17	18	19	20	21
22	23	24	25	26	27	28
29	30	31	1	2	3	4

ñalđi

fin de semana

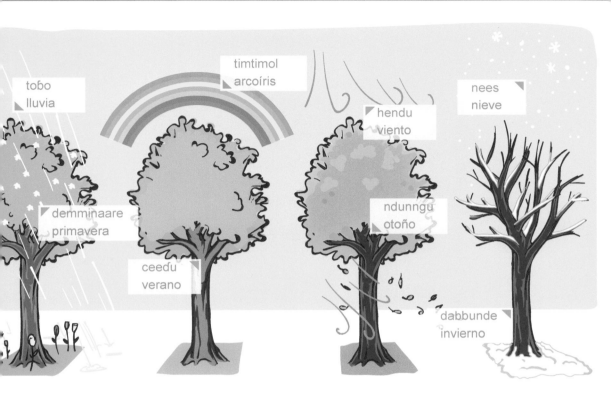

toɓo
lluvia

timtimol
arcoíris

hendu
viento

nees
nieve

demminaare
primavera

ndunngu
otoño

ceeɗu
verano

dabbunde
invierno

abaaru weeyo

óstico del tiempo

termomeeter

termómetro

naaŋini

sol

ruulde

nube

cuurki

niebla

uddeende

humedad

majje

rayo

gidaango

trueno

hendu

tormenta

huɗɗni

granizo

ruulɗini

monzón

waame

inundación

nees

hielo

Siilo

enero

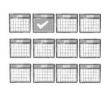

Colte

febrero

Mbooy

marzo

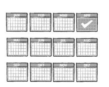

Seeɗto

abril

Duuyal

mayo

Korse

junio

Morse

julio

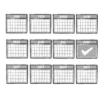

Juko

agosto

Siilto

septiembre

Yarkoma

octubre

Jolal

noviembre

Bowte

diciembre

ɓalli

formas

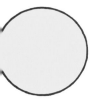

taarto

círculo

yaajeendi

cuadrado

yaajo

rectángulo

saraandi

triángulo

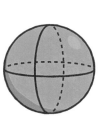

mbiifu

esfera

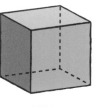

kiibb

cubo

daneejo

blanco

oolo

amarillo

oraas

anaranjado

roos

rosa

boɗeejo

rojo

mboongu

morado

bulaajo

azul

werte

verde

cooyo

marrón

puro

gris

baleejo

negro

heewi / seeɗa

mucho / poco

seki / deeyi

enojado / tranquilo

yooɗi / soofi

bonito / feo

uɗorde / gasirde

principio / fin

mawɗo / tokooso

grande / pequeño

leeri / niɓɓiɗi

claro / oscuro

iraaɗo / miñiraaɗo

rmano / hermana

laaɓi / tunwi

limpio / sucio

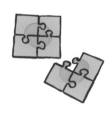

timmi / manki

completo / incompleto

alawma / jamma

día / noche

maayi / wuuri

muerto / vivo

yaaji / faaɗi

ancho / estrecho

nano / nanotaako

comestible / no comestible

boni / moÿÿi

malo / amable

softi / yoomi

entusiasmado / aburrido

ɓuttiɗi / sewi

gordo / delgado

adi / wattindi

primero / último

sehil / gaño

amigo / enemigo

heewi / ɓolɗi

lleno / vacío

muusi / weeɓi

duro / blando

teddi / hoyi

pesado / ligero

heege / ɗomka

hambre / sed

faawŋi / selli

enfermo / sano

wona laawol / laawol

ilegal / legal

feerti / muddiɗi

inteligente / tonto

nano / ñaamo

izquierda / derecha

ɓatti / woɗɗi

cerca / lejos

keso / kiiɗɗo

uevo / usado

ndiga / huunde

nada / algo

nayeejo / suka

viejo / joven

huɓɓi / ñifii

ndido / apagado

uditi / uddii

abierto / cerrado

deeÿi / dille

silencioso / ruidoso

alɗi / waasi

rico / pobre

goonga / fenaande

correcto / incorrecto

tiiɗi / nooyi

áspero / suave

metti / weli

ste / contento

raɓɓidi / juuti

corto / largo

leeli / yaawi

lento / rápido

leppi / yoori

úmedo / seco

wuli / ɓuuɓi

cálido / frío

hare / jam

guerra / paz

pinɗe

números

0

ndiga

cero

1

gooto

uno

2

ɗiɗi

dos

3

tati

tres

4

nay

cuatro

5

joy

cinco

6

jeegom

seis

7

jeeɗiɗi

siete

8

jeetati

ocho

9

jeenay

nueve

10

sappo

diez

11

sappoy goo

once

12

sappoy didi

doce

13

sappoy tati

trece

14

sappoy nay

catorce

15

sappoy joy

quince

16

sappoy jeegom

dieciséis

17

sappoy jeedidi

diecisiete

18

sappoy jeetati

dieciocho

19

sappoy jeenay

diecinueve

20

noogaas

veinte

100

teemedere

cien

1.000

ujunere

mil

1.000.000

miliyooŋ

millón

pinde - números

Aŋale

inglés

Aŋale Amarik

inglés americano

Mandare Siinaaɓe

chino mandarín

Hindi

hindi

Espaɲool

español

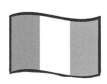

Farayse

francés

Arab

árabe

Riis

ruso

Portigees

portugués

Bengali

bengalí

Almaa

alemán

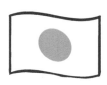

Sapponee

japonés

miin

yo

an

tú

kanko / kanko / kanum

él / ella / ello

minen

nosotros/as

onon

vosotros/as

kamɓe

ellos/as

holoon?

¿quién?

holɗuum?

¿qué?

holnoon?

¿cómo?

holtoon?

¿dónde?

mande?

¿cuándo?

inde

nombre

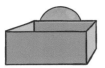

caggal

detrás

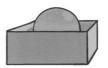

nder

en

sawndo

delante de

dow

por encima de

e

sobre

les

debajo de

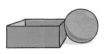

sara

junto a

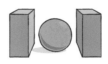

hakkunde

entre

nokku

lugar

Milton Keynes UK
Ingram Content Group UK Ltd.
UKHW050716231124
451587UK00002B/17